BEI GRIN MACHT SICH IHR WISSEN BEZAHLT

- Wir veröffentlichen Ihre Hausarbeit, Bachelor- und Masterarbeit

- Ihr eigenes eBook und Buch - weltweit in allen wichtigen Shops

- Verdienen Sie an jedem Verkauf

Jetzt bei www.GRIN.com hochladen und kostenlos publizieren

Christian Roos

Die Nachkriegszeit als Wendepunkt des deutschen Buchhandels

Ein Vergleich der Buchstädte nach 1945

GRIN Verlag

Bibliografische Information der Deutschen Nationalbibliothek:

Die Deutsche Bibliothek verzeichnet diese Publikation in der Deutschen National-
bibliografie; detaillierte bibliografische Daten sind im Internet über http://dnb.d-
nb.de/ abrufbar.

Impressum:

Copyright © 2011 GRIN Verlag GmbH
Druck und Bindung: Books on Demand GmbH, Norderstedt Germany
ISBN: 978-3-656-04350-8

Dieses Buch bei GRIN:

http://www.grin.com/de/e-book/181331/die-nachkriegszeit-als-wendepunkt-des-
deutschen-buchhandels

GRIN - Your knowledge has value

Der GRIN Verlag publiziert seit 1998 wissenschaftliche Arbeiten von Studenten, Hochschullehrern und anderen Akademikern als eBook und gedrucktes Buch. Die Verlagswebsite www.grin.com ist die ideale Plattform zur Veröffentlichung von Hausarbeiten, Abschlussarbeiten, wissenschaftlichen Aufsätzen, Dissertationen und Fachbüchern.

Besuchen Sie uns im Internet:

http://www.grin.com/

http://www.facebook.com/grincom

http://www.twitter.com/grin_com

Universität Leipzig
Institut für Kommunikations- und Medienwissenschaft
Modul: 06-05-105-1 Medienwissenschaft
Seminar: Einführung in die Buchwissenschaft
Sommersemester 2011

DIE NACHKRIEGSZEIT ALS WENDEPUNKT DES DEUTSCHEN BUCHHANDELS –

Ein Vergleich der *Buchstädte* nach 1945

Hausarbeit

Christian Roos

B.A. Kommunikations- und Medienwissenschaft
4. Fachsemester

Abgabe: 30.09.2011

Inhaltsverzeichnis

1

1 Einleitung

„Die alte Buchstadt ging in der Nacht vom 3. zu[m] 4. Dezember 1943 unter. In Rauch und Flammen. Wer heute durchs alte Grafische Viertel spaziert, sieht davon fast gar nichts mehr."[1] Bei dieser Buchstadt handelt es sich um Leipzig. Das Zitat von Ralf Julke spiegelt den Bombenangriff der Briten auf Leipzig, einen einschneidenden Moment für den Fortgang ihrer Historie nach dem Kriegsende wieder. Wenn von Buchstädten die Rede ist, führt kein Weg an Leipzig vorbei, denn die alte Messestadt „galt bis zum Zweiten Weltkrieg als Welthauptstadt des Buches"[2]. Insbesondere Leipzig kann wohl als die Buchstadt angesehen werden, deren Entwicklung durch den Zweiten Weltkrieg und die Nachkriegszeit am Entscheidendsten beeinflusst wurde.

Allerdings soll der Fokus dieser Arbeit keineswegs nur auf der Buchstadt Leipzig liegen. Vielmehr werden zusätzlich die Buchstädte Wiesbaden und Frankfurt am Main zur Analyse herangezogen. Unter anderem soll die Gegenüberstellung dieser drei, für den deutschen Buchhandel entscheidende Städte klären, inwiefern die Nachkriegszeit als Wendepunkt des deutschen Buchhandels anzusehen ist.

Desweiteren gestaltet sich speziell diese Konstellation sehr interessant, da die drei Städte in einem engen (Konkurrenz-)Verhältnis zueinander stehen. Jene Städte waren von den Folgen der Einteilung Deutschlands in Besatzungszonen betroffen – sowohl positiv als auch negativ. Diese Beziehung wird in den nachfolgenden Kapiteln zu charakterisieren sein.

Doch zuvor gilt es, die Thematik in den historischen Kontext der Nachkriegszeit einzuordnen. An dieser Stelle soll besonders auf politische Beschlüsse und Veränderungen eingegangen werden. Im dritten Kapitel erfolgt eine erste Einordnung und Beurteilung der Situation, in der sich der deutsche Buchmarkt nach 1945 befand. In diesem Kontext wird Aufschluss über die Probleme beispielsweise in der Buchproduktion oder im Wiederaufbau sowie der Neugestaltung des deutschen Buchhandels unter alliierter Kontrolle gegeben.

Im letzten Kapitel spezialisiert sich die Betrachtung. Hierbei soll zunächst der Frage nachgegangen werden, inwieweit sich der Buchhandel in der amerikanischen und sowjetischen Besatzungszone unterschieden. Darüber hinaus gilt es, eventuelle Differenzen zwischen beiden Systemen zu benennen und diese im vorherrschenden Ost-West-Konflikt der Besatzer

[1] JULKE, RALF: Buchstadt Leipzig: Ein historischer Reiseführer in ein längst vergangenes Stück Wirtschaftsgeschichte 2011. URL: http://www.l-iz.de/Bildung/B%C3%BCcher/2011/03/Buchstadt-Leipzig-Ein-historischer-Reisefuehrer.html [letzter Zugriff: 20.08.2011].
[2] WOLFSKÄMPF, VERA: Aufstieg und Fall der Buchstadt Leipzig 2011. URL: http://wissen.dradio.de/literatur-aufstieg-und-fall-der-buchstadt-leipzig.38.de.html?dram:article_id=9036 [letzter Zugriff: 20.08.2011].

abzuwiegen. Daraus folgern Rückschlüsse auf den deutschen Buchhandel in der Nachkriegszeit und den Status der Buchstädte Leipzig, Wiesbaden und Frankfurt am Main. Angemerkt sei, dass sowohl die Betrachtung des Buchhandels in der englischen als französischen Besatzungszone bewusst ausgespart werden, da diese nicht von fundamentaler Bedeutung für die Bearbeitung des gesetzten Forschungsthemas sind.

Zuletzt wird noch einmal konkret herausgestellt, was unter einer *Buchstadt* zu verstehen ist. Dabei soll in der Gesamtheit mithilfe der abschließenden Diskussion ein Lösungsansatz für die Problemstellung dieser Arbeit gefunden werden. In diesem Zusammenhang folgt sich eine kritische Analyse, welche thematisiert, ob und inwiefern sich Leipzig, Wiesbaden und Leipzig zu Recht mit dem Titel *Buchstadt* schmücken.

An dieser Stelle werden die Besonderheiten und Veränderungen im deutschen Buchhandel verdeutlicht und die Zeit nach 1945 als entscheidender Wendepunkt aufgezeigt. Als Vergleichspunkte sollen unter anderem die Rolle des deutschen Börsenvereins, der Buchmessen sowie der deutsche Nationalbibliographie herangezogen werden. Auch ein aktueller Ausblick dazu wird sich anschließen, um die Bedeutung dieser drei Städte für den deutschen Buchhandel im Nachkriegsdeutschland mit der heutigen Situation gegenüberzustellen.

2 Historischer Kontext

Die totale Kapitulation des Dritten Reichs am 9. Mai 1945 markiert den Beginn der deutschen Nachkriegszeit und zugleich beendet sie eines der dunkelsten Kapitel der deutschen Geschichte. Die Diktatur und der Zweite Weltkrieg unter Adolf Hitler hinterließen nicht bloß Zerstörung und Verwüstung, sondern auch Millionen Tote und Vertriebene. Der 9. Mai 1945 kann deswegen auch als eine Art Nullpunkt, eine Zäsur – sowohl auf politisch-ökonomischer, sozialer sowie geistiger Ebene angesehen werden.

Auch für die gesamte Buchhandelsbranche begann im Nachkriegsdeutschland ein völlig neues Kapitel. Beispielsweise musste ein Neubeginn im Bibliothekswesen her, denn alleine 23 der 31 deutschen Universitätsbibliotheken waren nach dem Zweiten Weltkrieg fast komplett oder völlig zerstört.[3]

Die Konferenz von Potsdam vom 17. Juli bis 2. August 1945 stand unter dem festen Vorzeichen, diesen Neubeginn Deutschlands auf freiheitlicher und demokratischer Ebene zu bewirken. Die drei großen Alliierten Großbritannien, die Vereinigten Staaten von Amerika sowie die Sowjetunion formulierten klare Ziele. Deutschland sollte entmilitarisiert, entnazifiziert und demontiert werden. Zudem stand die „Dezentralisierung [der deutschen] Wirtschaft und Verwaltung [sowie eine] Umgestaltung des politischen Lebens auf demokratischer Grundlage"[4] auf der Agenda der alliierten Streitkräfte.

Zu diesem Zweck wurde Deutschland in vier Besatzungszonen unterteilt: in die amerikanische, britische, französische und sowjetische. Diese übten die Regierungsgewalt im Nachkriegsdeutschland aus. Die Einteilung hatte bis zur Gründung der Bundesrepublik Deutschland bestand und damit auch maßgeblichen Einfluss auf die buchhändlerischen Kontakte in der Nachkriegszeit.

3 Situation des Buchmarktes nach 1945

Die Situation nach dem Zweiten Weltkrieg war für die meisten Verlage und generell für den deutschen Buchhandel verheerend, wie dieses Zitat von Reinhard Wittmann beweist:

> „Viele Firmen wurden ausgebombt, verloren ihre Lager und Geschäftsunterlagen, oft auch Manuskripte und halbfertige Produkte. Die wenigen Privatverlage, die am Kriegsende noch arbeiten konnten, bestanden meist aus ein bis zwei Zimmern und ebensovielen Personen. Der stolze deutsche Buchhandel schien zugrundegerichtet."[5]

[3] Vgl. ZIERMANN, KLAUS: Der deutsche Buch- und Taschenbuchmarkt 1945 – 1995. Berlin: Wissenschaftsverl. Volker Spiess 2000, S. 9.
[4] BEZ, THOMAS; KEIDERLING, THOMAS: Der Zwischenbuchhandel. Begriffe, Strukturen, Entwicklungslinien in Geschichte und Gegenwart. Stuttgart: Hauswedell & Co. 2010, S. 157.
[5] WITTMANN, REINHARD: Geschichte des deutschen Buchhandels. Ein Überblick. München: C. H. Beck Verl. 1999, S. 374.

Folglich bestimmte größtenteils einzig der Gedanke an die Existenzsicherung den Alltag der Buchhändler. Natürlich war auch an die Buchproduktion aufgrund der enormen zerstörerischen Ausmaße des Krieges vorerst nicht zu denken, denn insbesondere britische Luftangriffe hinterließen pure Zerstörung.

> „Die Auswirkungen des Luftkrieges betrafen vor allem das Leipziger Buchhändlerviertel, wo riesige Kommissionslager vernichtet wurden, und das „graphische Viertel", wo die Produktionsanalagen konzentriert waren, aber auch die Hauptverlagsorte Berlin, München und Stuttgart."[6]

Allein in der sowjetischen Besatzungszone gab es über 75 Prozent Verlust der Kapazitäten von Druckereien und Buchbindereien[7] zu beklagen, die durch die Bombenangriffe zerstört wurden. In den drei westlichen Zonen waren immerhin „mehr als 40% der Druck- und 60% der Bindekapazitäten zerstört"[8]. Daraus lässt sich dementsprechend ein Ungleichgewicht in den Herstellungskapazitäten ableiten, wodurch unmittelbar nach Kriegsende unfreiwillig entscheidende Standortkriterien gesetzt wurden. Hinzu kamen unter anderem Papierknappheit, das Verbot bisheriger Verlage sowie schlechte Post- und Verkehrsverhältnisse und eine mangelnde Infrastruktur, die den buchhändlerischen Verkehr zunehmend erschwerten.[9]

Der deutsche Buchmarkt war durch die Alliierten „einer strengen Kontrolle [unterlegen], weil sie vor allem dem Buch eine tragende Rolle bei der politischen Bewußtseinsbildung und [im Re-Education-Prozess] zubilligten"[10].

Der Wiederaufbau und eine Neugestaltung des deutschen Buchhandels erwiesen sich als nicht einfach, denn jede Besatzungszone verfolgte in ihrer Buchpolitik andere Prioritäten. Meist standen politische Interessen der Alliierten vor dem gemeinsamen Ziel an, die Deutschen zu entnazifizieren. Diese Spannungen zwischen den Siegerländern verhärteten sich im Zuge des aufziehenden Kalten Krieges zunehmend.

Als erste Maßnahme zur Neuordnung des deutschen Buchhandels wurde bereits am 12. Mai 1945, drei Tage nach Beendigung des zweiten Weltkrieges die *Nachrichtenkontroll-Vorschrift Nr. 1* erlassen. Diese untersagte,

> „das Drucken, Erzeugen, Veröffentlichen, Vertrieben, Verkaufen und gewerbliche Verleihen von Zeitungen, Magazinen, Zeitschriften, Büchern, Broschüren, Plakaten, Musikalien und sonstigen gedruckten oder mechanisch vervielfältigten Veröffentlichungen"[11]

grundsätzlich.

---

[6] WITTMANN, REINHARD 1999, S. 374.
[7] Vgl. ERNST, ALFRED: Die antifaschistisch-demokratische Entwicklung in Druckereien, Verlagen und im Buchhandel nach 1945. In: Czok, Karl (Hrsg.): 500 Jahre Buchstadt Leipzig. Von den Anfängen des Buchdrucks in Leipzig bis zum Buchschaffen der Gegenwart. Leipzig: Fachbuchverl. 1981, S. 72.
[8] WITTMANN, REINHARD 1999, S. 406.
[9] Vgl. BEZ, THOMAS; KEIDERLING, THOMAS 2010, S. 175.
[10] WITTMANN, REINHARD 1999, S. 392.
[11] Ebd.

Alle Verlage, die sich wieder- oder neugründen wollten, mussten eine neue Lizenz erwerben. Außerdem existierte eine generelle Vorzensur. Allerdings hatte diese beispielsweise in der amerikanischen Besatzungszone nur bis Oktober 1945 Bestand.[12] Trotz schwieriger Rahmenbedingungen konnten sich einige deutsche Verlage der ersten Stunde wieder auf dem Markt etablieren. In diesem Zusammenhang muss der Rowohlt-Verlag erwähnt werden, der als erster deutscher Verlag in der Nachkriegszeit in allen vier Besatzungszonen eine Lizenz erhielt. Weitere wichtige Verleger der ersten Stunde sind zum Beispiel Peter Suhrkamp in der britischen Zone, Hermann Leins in der französischen Zone sowie Max Niemeyer, Matthias Grunewald, oder auch Dr. Ernst Reclam.[13]

Der *Alliierte Kontrollratsbefehl Nr. 4* vom 13. Mai 1946 sollte den gemeinsamen Umerziehungsprozess der Deutschen ausweiten. Zu den wichtigsten Punkten gehörten unter anderem das Einziehen und Vernichten von Schriften in deutschen Bibliotheken, die unter faschistischen und militaristischen Hintergrund standen. Vor allem jenes Schrifttum gehörte dazu, welches „nationalsozialistische Propaganda, Rassenlehre und Aufreizung zu Gewalttätigkeiten oder gegen die Vereinten Nationen gerichtete Propaganda"[14] beinhaltete. Allein in der Buchstadt Leipzig konfiszierten die sowjetischen Besatzer noch im Sommer 1945 über zwei Millionen Bücher.[15]

Auch der gesamte deutsche Buchhandel erfuhr eine Säuberung von der Ideologie der Nationalsozialisten.[16] Zudem mussten Deutsche, die

„einen Verlag oder eine Buchhandlung betreiben, Bücher auf den Markt bringen oder Gedrucktes in Leihbibliotheken verleihen wollte[n] [,...] eine[ ] Lizenz der zuständigen Besatzungsmacht"[17]

erwerben. Die Alliierten erkannten die bisherigen Lizenzierungen nach der Kapitulation des Dritten Reichs nicht mehr an. Mit diesem Weg wollten sie ein verbessertes Kontrollsystem etablieren. Ein großes Problem stellte allerdings der langwierige Prozess der Genehmigung durch die jeweilige Besatzungsmacht dar, wodurch vielen Verlagen ein Neustart nach dem Krieg sehr erschwert wurde.

Die Umsetzung der Lizenzvergabe ist erneut ein Beispiel dafür, dass aufgrund unterschiedlicher Interessenauslegungen, Kompetenzstreitigkeiten und wachsender Spannungen zwischen den Siegerländern, das gesamte Vorhaben nicht einheitlich verfolgt

---

[12] Vgl. WITTMANN, REINHARD 1999, S. 392.
[13] Die Lizenzvergaben in der amerikanischen sowie der sowjetischen Besatzungszone werden in den Kapiteln 4.1 und 4.2 diskutiert.
[14] HILLER, HELMUT; STRAUß, WOLFGANG: Der deutsche Buchhandel. Wesen – Gestalt – Aufgabe. Hamburg: Verl. für Buchmarkt-Forschung 1975, S. 56.
[15] LOKATIS, SIEGFRIED: Das Verlagswesen der Sowjetisch Besetzten Zone. In: Estermann, Monika; Lersch, Edgar (Hrsg.): Buch, Buchhandel, Rundfunk 1945-1949. Harrassowitz Verl. 1997, S. 112.
[16] Vgl. ZIERMANN, KLAUS 2000, S. 10 f.
[17] ZIERMANN, KLAUS 2000, S. 10.

wurde. Beispielsweise begannen die amerikanischen Besatzer mit sogenannten *Illustrative Lists* eher lockere Prüfungen von circa 1000 Titeln durchzuführen. Dahingegen verfolgten die sowjetischen Besatzer eine wesentlich systematischere Methode. Das ist bereits an der Anzahl von circa 30.000 Titeln zu erkennen, die geprüft wurden. Diese besagte *Liste der auszusondernder Literatur* wurde sogar noch mehrmals ergänzt.[18]

4 Der deutsche Buchhandel im West- und Ostzonen-Konflikt

In diesem Kapitel soll der Buchhandel im Nachkriegsdeutschland anhand der West- und Ost-Besatzungszonen gegenübergestellt werden. Zunächst wird exemplarisch für die westlichen Alliierten, die amerikanische Zone zu analysieren sein. Danach stellt die sowjetische Besatzungszone das entsprechende Pendant der Diskussion dar.

Aus dieser Gegenüberstellung resultiert die These, dass der deutsche Buchhandel nach 1945 aufgrund unterschiedlicher politischer Positionierungen der Alliierten in einem Zonen-Konflikt stand, der sich insbesondere in der Literaturpolitik bemerkbar machte. Daraus lässt sich wiederum die These ableiten, dass der deutsche Buchhandel somit vor einem Prozess des Auseinanderdriftens stand.

Inwiefern von Konkurrenzverhältnissen die Rede sein kann, erläutert der letzte Analysepunkt. Dabei werden die Buchstädte Leipzig, Wiesbaden und Frankfurt am Main zur Diskussion der Problematik herangezogen. Aufgrund ihres jeweiligen Statutes im Buchhandel des Nachkriegsdeutschlands werden diese im Vergleich Aufschluss über Differenzen geben.

4.1 Buchhandel in der amerikanischen Besatzungszone

Zunächst soll zur besseren Einordnung, eine kurze allgemeine Einschätzung des Buchhandels in den Westzonen gegeben werden, ehe sich der Blick speziell auf die amerikanische Besatzungszone richtet. Mit der Währungsreform am 21. Juni 1948 wurde die alte Reichsmark von der Deutschen Mark abgelöst und im Verhältnis von 1:10 abgewertet. Dieser Wechsel hatte nicht nur großen Einfluss auf den gesamten Wirtschaftsmarkt in den westlichen Besatzungszonen, sondern auch der deutsche Buchhandel sah sich mit einem komplett neuen Markt konfrontiert.[19]

Bisher bestand im Nachkriegsdeutschland eine enorme Nachfrage nach Büchern und somit großer Bedarf an Literatur in der Bevölkerung. Diese konnte mit geringen Preisen auch dementsprechend in hohen Auflagen abgesetzt werden, da das Angebot anderer Güter sehr

---

[18] Vgl. WITTMANN, REINHARD 1999, S. 393.
[19] In der sowjetischen Besatzungszone fand vom 24. bis 28. Juni 1948 eine eigene ähnliche Währungsreform statt.

mäßig war. Doch mit der Einführung der Währungsreform änderten sich die Kaufprioritäten der Menschen schlagartig. Das Buch wich „immer mehr lang entbehrte[n] Gebrauchsgüter[n] [...] auf dem Markt, deren Anschaffung vordringlich war"[20]. Der deutsche Buchhandel geriet in eine große Absatzkrise. [21]

Den amerikanischen Besatzern stand insbesondere der Gedanke der *Re-Education* im Vordergrund, wonach sich folgerichtig auch ihre gesamte Literaturpolitik, ihre Lizenzvergaben sowie das Verlagsprogramm richteten. In diesem Kontext handelte es sich, um eine

> „Politik der Umerziehung des deutschen Volkes auf der Grundlage bürgerlich-kapitalistischer Eigentums- und der Einführung parlamentarisch-demokratischer Politikverhältnisse. Dabei erlangte der gesamte Nachrichten- und Medienbereich eine wichtige Rolle. [...] Richtlinien besagten, daß politisch Belastete [...] des Entnazifizierungsgesetzes weder als Verleger noch als Autoren tragbar seien; Mitläufer durften lediglich für Publikationen ihres Fachgebietes herangezogen werden."[22]

In der amerikanischen Zone konnte als erster Verleger Kurt Desch wieder Titel auf den Markt bringen, da er als politisch verfolgt galt. Unter den Veröffentlichungen seines Programms befanden sich vor allem Autoren der Inneren Emigration und Titel der Weltliteratur. Wichtiger Bestandteil waren amerikanische Bestseller, da insbesondere die Literaturpolitik des eigenen Landes als demokratische und freiheitliche Richtlinie propagiert wurde.[23] Das Konzept der Amerikaner bestand somit im Bekanntmachen der Deutschen mit beispielsweise der Übersetzung amerikanischer Literatur, die dementsprechend als Vorbild des internationalen Denkens fungierte. Für deutsche Verleger brachte die Veröffentlichung der Übersetzungsprogramme ein profitables Geschäft mit sich, da somit zusätzliche Papierzuteilungen erlangt werden konnten.

Dieses Angebot wurde deshalb von den Verlegern dankbar angenommen. Der beachtliche Fakt, dass „bis August mehr als die Hälfte der in der amerikanischen Zone erschienen Bücher Übersetzungen von US-Autoren waren"[24], beweist dies.

Von den vier Alliierten vergaben die Amerikaner die meisten Verlagslizenzen – insgesamt 390[25]. Unter diesen waren beispielsweise traditionsreiche Verlage wie die Cotta´sche Buchhandlung Stuttgart, der Ferdinand Schönigh Verlag Paderborn und Würzburg, der Verlag R. Piper & Co. München, Ernst Klett jun. Stuttgart oder der Bärenreiter Verlag Kassel. Die Auflage von Publikationen erzielte in der Regel eine Höhe von circa 5.000 Exemplaren.[26]

---

[20] WITTMANN, REINHARD 1999, S. 412.
[21] Vgl. NIEMEIER, SABINE: Funktionen der Frankfurter Buchmesse im Wandel – von den Anfängen bis heute. Wiesbaden: Harrassowitz Verl. 2001, S. 38 f.
[22] ZIERMANN, KLAUS 2000, S. 13.
[23] Vgl. WITTMANN, REINHARD, S. 409 f.
[24] ZIERMANN, KLAUS 2000, S. 14.
[25] Im Vergleich dazu steht die Vergabe von 242 Lizenzen der britischen, circa 200 Verlagslizenzen der französischen und gar nur 160 Lizenzen der sowjetischen Besatzer für deutsche Verleger in der Nachkriegszeit.
[26] Vgl. ZIERMANN, KLAUS 2000, S. 14 f.

4.2 Buchhandel in der sowjetischen Besatzungszone

Im Vergleich zu den westlichen Besatzungszonen erfolgten der Wiederaufbau und die Verteilung von Verlagslizenzen in der sowjetischen Zone relativ schnell. Die sowjetischen Besatzer rückten insbesondere die Verlagspolitik in den Fokus der Umerziehungsstrategien, wobei der Buchhandel eher hinten an stand.[27] Deshalb erfuhr eine sehr umfassende Säuberung der literarischen Bestände auch hohen Stellenwert.

Darüber hinaus mussten die meisten Verlage in der sowjetischen Zone im Juli 1945 ihre Aktivitäten umgehend einzustellen, da sie keine Lizenzen erhielten. Aus diesem Grund war es für Verlage in der sowjetischen Zone ab dem 2. August 1945 unerlässlich, umfangreiche Registrierungen und Genehmigungen einzuholen, welche aber auch Druckereien betrafen.[28]

Im Sinne des politischen und gesellschaftlichen Auftrages sollte auch die Lizenzpolitik eine antifaschistische und demokratische Linie einschlagen.[29] Somit stand die Lizenzvergabe erheblich in Abhängigkeit davon, inwiefern der Entnazifizierungsprozess fortgeschritten war.

Das Verlagsprogramm der sowjetischen Besatzer ist wesentlich durch die Gründung drei großer Verlage gekennzeichnet. Dennoch sind insbesondere diese bedeutenden Verlagsgründungen nach 1945 in der Ostzone sehr kritisch einzuschätzen, da die Neugestaltung

> „des Verlagswesens in der [sowjetischen Besatzungszone] ein typisches Beispiel sowjetischen Dirigismus [darstellte]. Während die Westmächte Lizenzen grundsätzlich an Einzelpersonen vergaben, erhielten in der [sowjetischen Besatzungszone] zunächst fast ausnahmslos neugegründete [antifaschistische] Parteien und Massenorganisationen das Recht, eigene Verlage aufzubauen und die in sowjetischer Treuhand befindlichen Druckereien zu nutzen."[30]

Am 30. Juli 1945 wurde der erste Verlag nach Ende des Zweiten Weltkriegs im sowjetisch besetzten Ostberlin gegründet. Dabei handelte es sich um den KPD-Verlag *Neuer Weg*, der zu großen Teilen persönlich von Walter Ulbricht mit aufgebaut wurde. Dieser Verlag erfuhr somit einen Sonderstatus, denn beispielsweise wurden trotz massiver Papierknappheit politische Klassiker und Parteischriften in Massenauflagen von 50.000 bis 300.000 Stück gedruckt.[31] Der KPD-Verlag *Neuer Weg* vereinigte sich am 18. Juni 1946 ebenfalls mit einem politisch motivierten Verlag, nämlich dem SPD-Verlag *Vorwärts*.[32]

---

[27] Vgl. UMLAUFF, ERNST: Der Wiederaufbau des Buchhandels. Beiträge zur Geschichte des Buchmarktes in Westdeutschland nach 1945. Frankfurt am Main: Buchhändler-Vereinigung GmbH 1978, S. 1216.
[28] Vgl. LOKATIS, SIEGFRIED: Das Verlagswesen der Sowjetisch Besetzten Zone. In: Estermann, Monika; Lersch, Edgar (Hrsg.) 1997, S. 112.
[29] Vgl. DIETRICH, GERD: Politik und Kultur in der Sowjetischen Besatzungszone Deutschlands (SBZ) 1945-1949. Bern [u.a.]: Peter Lang Verl. 1993, S. 45.
[30] DIETRICH GERD: „...wie eine kleine Oktoberrevolution...". Kulturpolitik der SMAD 1945-1949. In: Clemens, Gabriele (Hrsg.): Kulturpolitik im besetzten Deutschland 1945-1949. Stuttgart: Franz Steiner Verl. 1994, S. 229.
[31] Vgl. LOKATIS, SIEGFRIED: Das Verlagswesen der Sowjetisch Besetzten Zone. In: Estermann, Monika; Lersch, Edgar (Hrsg.) 1997, S. 114.
[32] Vgl. ZIERMANN, KLAUS 2000, S. 11.

Als Produkt dieser Vereinigung entstand der *Dietz Verlag*, der eine Sonderrolle einnahm. Dieser war später

> „der offizielle Parteiverlag der SED [, welcher] von Anfang an vor allem auf parteipolitische Publikationen, auf die Edition von mehreren Volks- und Werkausgaben der Klassiker des Marxismus-Leninismus [...] und Memoiren von ausgewählten Vertretern der deutschen und internationalen Arbeiterbewegung"[33]

als Verlagsprogramm baute.

Zudem erhielt der *Aufbau Verlag* am 18. August 1945 eine Lizenz, der ebenfalls in Ostberlin gegründet wurde. Gegenstand des bürgerlichen und kulturpolitisch offenen Verlagsprogrammes stellte vor allem Emigrantenliteratur wie zum Beispiel von Anna Seghers oder Bertolt Brecht dar.[34] Zudem gilt der *Aufbau* als wohl „erfolgreichste[r] [...] [belletristischer] Verlag der unmittelbaren Nachkriegszeit, dessen Produktionsumfang weder Desch noch Rowohlt [in den westlichen Besatzungszonen] erreichten"[35].

Als letzter Verlag reiht sich der *Verlag Volk und Wissen* in die drei großen und bedeutenden Verlage der Ostzone ein. Der zentrale Verlag der Schulbuchproduktion und zugleich größte Verlag der sowjetischen Besatzungszone erfuhr eine einflussreiche Rolle. Die Schulbildung und entsprechende Bücher im Osten Deutschlands sollten sich an den antifaschistischen Richtlinien der Sowjets orientieren, um somit auch Kinder und Jugendliche umzuerziehen. Die Erzeugnisse des Verlages *Volk und Wissen* überstiegen beispielsweise 1949 mehr als die Hälfte aller Bücherproduktionen in der Ostzone.[36]

Ähnlich den Amerikanern, förderten auch die Sowjets in ihrer besetzten Zone, die Herausgabe von Schrifttum des eigenen Landes, in diesem Fall von russischer Literatur. Dies hatte beispielsweise in Leipzig einen kurzweiligen Produktionsaufschwung zur Folge. Die Druckereien standen zeitweise aufgrund großer Auftragsauslastung durch die Sowjets am Rande ihrer Kapazitäten.[37]

Das Ergebnis dieser Entwicklung war „von Anfang an eine [Sicherung] starke[r] Konzentration und das [deutliche] Übergewicht des gesellschaftlichen Sektors"[38], wodurch das Verlagswesen enorm umorganisiert wurde. Private Verlage waren zunächst nur als eine Art ergänzender Partner gesehen, aber keineswegs vollständig geduldet.[39] Mit der Zulassung von Privatverlagen im Frühjahr 1946 erlebte ebenfalls Leipzig ein erneutes Hoch als Verlagszentrum, denn so

[33] ZIERMANN, KLAUS 2000, S. 11.
[34] Vgl. WURM, CARSTEN: Jeden Tag ein Buch. 50 Jahre Aufbau Verlag 1945-1995. Berlin: Aufbau 1995, S. 13 f.
[35] Vgl. ebd., S. 11.
[36] Vgl. LOKATIS, SIEGFRIED: Das Verlagswesen der Sowjetisch Besetzten Zone. In: Estermann, Monika; Lersch, Edgar (Hrsg.) 1997, S. 114 f.
[37] Vgl. BEZ, THOMAS; KEIDERLING, THOMAS 2010, S. 159 f.
[38] DIETRICH GERD: „...wie eine kleine Oktoberrevolution...". Kulturpolitik der SMAD 1945-1949. In: Clemens, Gabriele (Hrsg.) 1994, S. 229.
[39] Vgl. ZIERMANN, KLAUS 2000, S. 12.

konnten auch endlich Perspektiven im gesamtdeutschen Buchhandel wieder besser realisiert werden.[40]

4.3 Nachkriegsbedingter Wettstreit um den Titel *Buchstadt*

Natürlich spielten nach 1945 auch Städte wie Berlin, Stuttgart oder München wichtige Rollen im deutschen Buchhandel. Dennoch soll sich die Analyse auf Leipzig, Wiesbaden und Frankfurt am Main konzentrieren, da diese in der deutschen Nachkriegszeit besonders zur Diskussion standen. Diese Städte werden hinsichtlich ihrer Stellung als Buchstadt analysiert. Dabei ergibt sich die These, dass Wiesbaden und Frankfurt, Leipzig im Wettstreit um den Titel deutsche Buchstadt den Rang ablaufen konnten. In diesem Kapitel sollen unter anderem die Problematik der Verlagsabwanderung aus dem Osten in die westlichen Besatzungszonen und deren Motivationen sowie das weitere Auseinanderdriften eines einheitlichen Buchmarktes thematisiert werden.

Zuvor gilt es, den Begriff *Buchstadt* näher zu bestimmen. Allerdings muss dieser Titel genauer eingeordnet werden, denn

> „Buchstadt [...] – das bedeutet nicht, den Anspruch erheben zu wollen, die größte oder einzige zu sein, wenn auch ihre internationale Bedeutung im Hinblick auf Druck- und Verlagserzeugnisse, die jährlich stattfindenden Buchmessen und andere multinationale Ausstellungen hervorgerufen werden muß. [...] [Der Titel Buchstadt] schließt natürlich auch die Stellung [im Vergleich zu internationalen Staaten] ein, mit denen vielfältige Kooperationen auf grafischen, verlegerischen und buchhändlerischen Gebieten bestehen"[41].

Eine *Buchstadt* zeichnet sich deshalb vor allem durch ansässige Verlage, ihren politischen und ökonomischen Status für den internen deutschen Buchhandel, durch Messen, Nationalbibliotheken und -bibliographien, den Sitz des Börsenvereins, Druckereien- und Buchbinderein sowie Forschung aus.

4.3.1 Leipzig

Bis zum Beginn des Zweiten Weltkriegs war die Situation im deutschen Buchhandel eine eindeutige:

> „Leipzig war zwei Jahrhunderte [unangefochten] Deutschlands Buchstadt Nummer eins. Vor allem die günstige geographische Lage und die liberale Zensur machten es möglich. Hier wurde 1825 der Börsenverein des Deutschen Buchhandels gegründet, fanden die wichtigen Buchmessen statt, hier wurde mit der Deutschen Bücherei die erste Nationalbibliothek geschaffen und entstanden Ausbildungsstätten für Buchhändler, Buchdrucker und Buchgestalter. Es bildete sich ein besonderes Geflecht [...], das als „Leipziger Platz" international bekannt wurde."[42]

[40] Vgl. LOKATIS, SIEGFRIED: Das Verlagswesen der Sowjetisch Besetzten Zone. In: Estermann, Monika; Lersch, Edgar (Hrsg.) 1997, S. 118 ff.
[41] CZOK, KARL (Hrsg.): 500 Jahre Buchstadt Leipzig. Von den Anfängen des Buchdrucks in Leipzig bis zum Buchschaffen der Gegenwart. Leipzig: Fachbuchverl. 1981, S. 13.
[42] KNOPF, SABINE: Buchstadt Leipzig. Der historische Reiseführer. Berlin: Links Verl. 2011, Klappentext.

Beispielsweise waren vor dem Kriegsende 1945 noch etwa 300 Verlage[43] und weit mehr als 700 buchhändlerische Unternehmen[44] in Leipzig ansässig. Doch genau dieser Sonderstatus änderte sich mit dem Jahr 1945. Die Buchstadt Leipzig erfuhr eine gravierende Zäsur.

Zunächst sind insbesondere nochmals das Jahr 1943 und der britische Bombenangriff auf das Leipziger Grafische Viertel zu nennen. Über dreiviertel des Buchhändlerviertels und grafischen Industrie; des pulsierenden Leipziger Platzes wurden vernichtet. Eine Zerstörung, von der sich die Buchstadt Leipzig nicht mehr oder nur wieder sehr schwer erholen konnte.[45]

Insbesondere die Buchstadt Leipzig steht als Beispiel für die Ost-West-Konflikte nach 1945. Am 16. April 1945 besetzten die Amerikaner Leipzig, zwei Tage später erfolgte durch sie die Befreiung der Stadt. Doch nach den Beschlüssen der *Konferenz von Jalta* im Februar 1945 lag Leipzig im sowjetischen Besatzungsgebiet. Folge dessen war ein Rückzug der Amerikaner, denn bereits zu diesem Zeitpunkt wurde der Termin der Übergabe datiert: auf den 1. Juli 1945. Dennoch waren die amerikanischen Besatzer natürlich weiterhin sehr gut über die buchhändlerische Situation in Leipzig informiert, da sie beispielsweise

> „eine Liste von Verlagen zusammengestellt hatten, die sich vom Nationalsozialismus nicht hatten vereinnahmen lassen. Einigen ausgewählten Verlagen [...] wurde nun von der amerikanischen Militärbehörde der Vorschlag gemacht, sie mit in den Westen zu nehmen – und zwar nach Wiesbaden."[46]

Zusätzlich bestand der Vorwand der Amerikaner, in Wiesbaden Zweigstellen besonders renommierter Leipziger Verlage zu errichten. Zudem sollte auch der Börsenverein der Deutschen Buchhändler, dessen fester Sitz in Leipzig war, ebenfalls in Wiesbaden eine Zweigstelle in der amerikanischen Besatzungszone erhalten.[47]

Die Umsiedlung der Leipziger Verlage begann am 12. Juni 1945. Das Resultat: Traditionsreiche und sehr renommierte Leipziger Verlage wie beispielsweise der Brockhaus Verlag, die Dietrich'sche Verlagsbuchhandlung, der Musikverlag Breitkopf- und Härtel sowie der Insel und Thieme Verlag wanderten nach Wiesbaden und somit in die amerikanische Besatzungszone ab.[48] Doch auch „andere Verleger folgten wenig später, als die sowjetische Besatzungsmacht ihre Möglichkeiten [...] drastisch beschnitt"[49].

---

[43] Vgl. ERNST, ALFRED: Die antifaschistisch-demokratische Entwicklung in Druckereien, Verlagen und im Buchhandel nach 1945. In: Czok, Karl (Hrsg.) 1981, S. 77.

[44] Vgl. WEIDHAAS, PETER: Zur Geschichte der Frankfurter Buchmesse. Frankfurt am Main: Suhrkamp Verl. 2003, S. 144.

[45] Vgl. MITTELDEUTSCHER RUNDFUNK: Wiegendrucke, Börsenverein und „Leipzig liest" 2011. URL: http://www.mdr.de/geschichte-mitteldeutschlands/reise/artikel12982.html [letzter Zugriff: 21.09.2011].

[46] DÖRR, MARIANNE: Buchstadt Wiesbaden? Einblicke in die Wiesbadener Verlagsgeschichte 2004, S. 4. URL: http://www.rotary-wiesbaden.de/site/clubs/nassau/Doerr_Verlagsgeschichte.pdf letzter Zugriff: 22.09.2011].

[47] Vgl. UMLAUFF, ERNST 1978, S. 136 f.

[48] Vgl. ebd., S. 1221.

[49] JULKE, RALF 2011.

Ihren Status als Messestadt wollte Leipzig nicht verlieren, weshalb die sowjetischen Besatzer die Leipziger Buchmesse unterstützten. Erstmals in der Nachkriegszeit fand 1946 die Leipziger Frühjahrsmesse statt, die zwar nur 28 austellende Verlage gewinnen konnte, deren Anzahl an Austellern sich aber in den Folgejahren wieder kontinuierlich erhöhte.[50]

Als Zwischenfazit ist festzuhalten, dass Leipzig auch nach 1945 den Status als *Buchstadt* anzuerkennen ist. Unverkennbar erlitt Leipzig irreparable Schäden, die die Buchstadt gut 200 Jahre in ihren Produktionsmöglichkeiten zurück warf,[51] aber dennoch schaut sie auch auf eine bedeutende Vormachtstellung im deutschen Buchhandel zurück.

Wie bereits thematisiert, erkannten selbstverständlich auch die Amerikaner dieses Potential und wollten deshalb renommierte Verlage aus der sowjetischen, in die eigene verlagsarme Besatzungszone übersiedeln lassen. Aber auch die Jahrhunderte lange Tradition beispielsweise mit der 1912 in Leipzig gegründeten Deutschen Bücherei, der Herausgabe des Deutschen Börsenblattes oder auch der Börsenverein der Deutschen Buchhändler mit Sitz in Leipzig sprachen auch nach 1945 für die Bedeutung der Buchstadt Leipzig.

Trotzdem verlor Leipzig mit Sicherheit einen großen Teil des Glanzes als Buchstadt, denn „[d]er Nachfolgekampf um die Leipziger Position war [...], schon entbrannt, ehe Leipzig diese Position auf Dauer verloren hatte"[52]. Die Analyse bezüglich dieser Veränderungen zuwider Leipzigs, aber zugunsten Wiesbadens als heranwachsendes Buchhandelszentrum in der Nachkriegszeit soll anschließend näher diskutiert werden.

4.3.2 Wiesbaden

Wiesbaden machte sich im deutschen Buchhandel vor 1945 nie einen solch vergleichsweise großen Namen, wie es zum Beispiel Leipzig gelang und hatte deshalb auch nicht den Status einer bedeutenden Buchstadt. Doch die bedeutsame Zeit Wiesbadens begann im Juni 1945. Renommierte und vorher in Leipzig ansässige Verlage[53] zogen auf Anfrage der amerikanischen Besatzer nach Wiesbaden. Beispielsweise steht der *Brockhaus Verlag* exemplarisch für diese Entwicklung. Dessen Leipziger Verlagsgebäude wurde durch die Luftangriffe 1943 fast vollständig zerstört, wodurch neben dem alten Verlagssitz in Leipzig, mit der Gründung einer neuen Verlagsfiliale in Wiesbaden ein Neustart erfolgen sollte und Brockhaus auch noch bis 1984 in Wiesbaden Verlagsgeschichte schrieb.[54]

[50] Vgl. ERNST, ALFRED: Die antifaschistisch-demokratische Entwicklung in Druckereien, Verlagen und im Buchhandel nach 1945. In: Czok, Karl (Hrsg.) 1981, S. 78.
[51] Vgl. LOKATIS, SIEGFRIED: Das Verlagswesen der Sowjetischen Besetzten Zone. In: Estermann, Monika; Lersch, Edgar (Hrsg.) 1997, S. 118.
[52] WEIDHAAS, PETER 2003, S. 147.
[53] Vgl. Kapitel 4.3.1.
[54] Vgl. DÖRR, MARIANNE 2004, S. 5 f.

Eine unerwartete Entwicklung für die bislang eher einflusslose Verlagsstadt, denn „Wiesbaden hatte so, plötzlich und unvermutet, wirklich bedeutende Verlage zu Gast"[55]. Allerdings blieben die meisten Verlage nur für begrenze Zeit. Beispielsweise zog der Thieme Verlag bereits 1946 nach Stuttgart oder der Insel-Verlag 1960 nach Frankfurt.

In Wiesbaden erschien ab Oktober 1945 das erste Börsenblatt nach dem Zweiten Weltkrieg, ein eigenes für die westlichen Besatzungszonen. Die sogenannte *Wiesbadener Ausgabe* sollte die gewohnte *Leipziger Ausgabe*[56] fortführen. Doch das neue Börsenblatt des Deutschen Buchhandels wurde bereits ab April 1946 in Frankfurt am Main herausgegeben und trug ab 1947 den Titel *Frankfurter Börsenblatt*. Auch die kurzzeitige Errichtung einer Zweigstelle des Börsenvereins in Wiesbaden mit dem Sitz des Alliierten Hauptquartiers scheiterte, denn den Vorzug erhielt Ende 1945 ebenfalls die Stadt Frankfurt am Main.[57]

Selbst in ihrer buchhändlerisch aufstrebenden Zeit nach 1945 hätte sich Wiesbaden nicht mit dem Titel Buchstadt rühmen können. Zum Erreichen dieses Statutes fehlte schlichtweg die Kontinuität.

4.3.3 Frankfurt am Main

Nach Kriegsende kursierten in Frankfurt Pläne, eine Deutsche Bibliothek des Westens zu etablieren. Dieses Vorhaben wurde 1946 realisiert, indem die Deutsche Bibliothek in Frankfurt am Main gegründet wurde. Viele Gründe sprachen dafür, um unter anderem eine Monopolstellung Leipzigs und deren Abhängigkeit auf dem Gebiet der Nationalbibliographie zu verhindern. Eine solche wollten die westlichen Besatzungsmächte selbstverständlich nicht anerkennen. Außerdem wäre es den Bewohnern der Westzonen aufgrund des Alliiertenstatutes Deutschlands nicht möglich gewesen, die Deutsche Bücherei in Leipzig als Präsenzbibliothek zu nutzen. Diese Argumente wiederum erzeugten Unmut in Leipzig, der letztendlich ein erneutes Konkurrenzverhältnis auslöste und den Ost-West-Konflikt aufkochen ließ.[58]

Einen besseren Austausch von Publikationen zwischen den Besatzungszonen sollten zwei Sammelstellen bewirken. Somit mussten seit dem 8. Mai 1945 erschienene und neu herausgegebene Verlagsexemplare sowohl in der zuständigen Universitätsbibliothek vorhanden sein, aber eben auch in einer Ausfertigung sowohl der Deutschen Bücherei zu Leipzig sowie

---

[55] DÖRR, MARIANNE 2004, S. 4.
[56] Auch in der sowjetischen Besatzungszone wurde ab dem 25. August 1946 wieder das alte Leipziger Börsenblatt herausgegeben, nachdem das Verlegen zu Beginn des Jahres 1945 aufgrund hoher Kriegsschäden eingestellt werden musste.
[57] Vgl. ESTERMANN, MONIKA: Der Börsenverein in den Westzonen und der Bundesrepublik Deutschland. In: Füssel, Stephan [et al.]: Der Börsenverein des Deutschen Buchhandels 1825-2000. Ein geschichtlicher Aufriss. Frankfurt am Main: Buchhändler-Vereinigung 2000, S. 162.
[58] Vgl. UMLAUFF, ERNST 1978, S. 1299 f.

der Deutschen Bibliothek in Frankfurt zugeliefert werden.[59] Auch die Zweigstelle des Börsenvereins der Deutschen Buchhändler sowie die Herausgabe des Börsenblattes für die westlichen Besatzungszonen zog nach nur wenigen Monaten von Wiesbaden ins benachbarte Frankfurt am Main, was den Status der Mainmetropole als Buchstadt in der Nachkriegszeit zusätzlich untermauerte.[60]

Nach dem Vorbild der Leipziger Messetradition wollte auch Frankfurt wieder aufschließen, doch mit Stuttgart und Hamburg drängten sich weitere Konkurrenten auf. Zumal war

> „Frankfurt [...] als Buchhandelsplatz zu dieser Zeit nur von untergeordneter Bedeutung, und die Frankfurter Buchmessetradition lag weit zurück und wurde im Bewußtsein aller Beteiligten noch immer von Leipzig überschattet."[61]

Im Jahr 1949 wurde die erste Frankfurter Buchmesse unter Leitung des Börsenvereins nach über 200 jähriger Unterbrechung und Abgabe der damaligen Führungsposition an Leipzig wieder neu ins Leben gerufen. Erklärtes Ziel der Ausstellung in der Frankfurter Paulskirche:

> „[E]ine Bilanz des gegenwärtigen Stands des Frankfurter Buchhandels [aufzuzeigen], die Veranschaulichung von Leistungen und aktuellen Problemen, sowie die Etablierung Frankfurts als traditionsreichem und nun neu entstehendem Buchumschlagplatz, der dem Buchhandelsstandort Leipzig Konkurrenz machen sollte"[62],

zu demonstrieren.

Die Messe lockte über 14.000 Besucher an, bei der 205 deutsche Aussteller über 8.400 Titel ausstellten. Zu bedenken bleibt jedoch, ob es überhaupt erneut eine Frankfurter Buchmesse gegeben hätte, wenn die Amerikaner in Leipzig geblieben wären.

Festzuhalten ist, dass sich in der Nachkriegszeit die Vorzeichen zugunsten der hessischen Metropole am Main wandten, denn

> „[a]ls Buchstadt zog Frankfurt nach dem Zweiten Weltkrieg wieder, diesmal endgültig, an Leipzig vorbei – dank Buchmesse, West-Börsenverein, West-Börsenblatt, Deutscher Bibliothek."[63]

Deshalb ist die Bezeichnung als *Buchstadt* für Frankfurt am Main in der Nachkriegszeit berechtigt. Zudem wurden in dieser Zeit nach 1945 maßgeblich die Weichen für den heute wiedererlangten international anerkannten Status als Buchstadt Frankfurt gestellt.

---

[59] Vgl. UMLAUFF, ERNST 1978, S. 1303 ff.
[60] Vgl. Kapitel 4.3.2.
[61] WEIDHAAS, PETER 2003, S. 147 f.
[62] NIEMEIER, SABINE 2001, S. 39.
[63] MITTELDEUTSCHER RUNDFUNK 2011.

5 Zusammenfassung und Ausblick

Unter der Problemstellung „Die Nachkriegszeit als Wendepunkt des deutschen Buchhandels - Ein Vergleich der *Buchstädte* nach 1945" erfolgte die wissenschaftliche Diskussion der Thematik. In dieser Arbeit konnte die These bestätigt werden, dass die Nachkriegszeit als klarer Wendepunkt für den deutschen Buchhandel anzusehen ist. Dies wurde anhand des historischen und buchhändlerischen Werdegangs der Städte Leipzig, Wiesbaden und Frankfurt am Main nach 1945 erkennbar. Zudem muss jedoch auch festgehalten werden, dass das Verhältnis dieser Städtekonstellationen maßgeblich durch die Besatzungspolitik der amerikanischen und sowjetischen Alliierten beeinflusst wurde. Daher zeichnet sich ein gemischtes Resümee ab, denn

> „[d]as Buchwesen brach nicht zusammen, wohl aber entwickelte sich eine Wirtschaftsblüte, die noch der Konsolidierung [bedurfte]. Das neue Antlitz des Buchhandels zeichnet[e] sich ab, [war] aber noch nicht [ausreichend] geprägt."[64]

Weiterhin wurde ersichtlich, dass sich unter diesen Vorzeichen auch ein Ost-West-Konflikt entwickelte, dessen Differenzen zwischen den jeweiligen Systemen das zunehmende Auseinanderdriften eines einheitlichen deutschen Buchhandels zur Folge hatte. Darüber hinaus konnte in diesem Kontext auch die Frage nach den Merkmalen, dem bedeutenden Status einer Buchstadt und deren Auswirkungen im Nachkriegsdeutschland mithilfe eines Definitionsansatzes geklärt werden.

In der Analyse dieser These kristallisierte sich heraus, dass Leipzig trotz enormer Rückschläge nach 1945 den Status als Buchstadt noch nicht vollkommen verlor; Wiesbaden hatte diesen nie wirklich inne, wenn überhaupt nur für wenige Monate. Frankfurt am Main konnte in diesem Wettstreit als Buchstadt am meisten profitieren und diesen Titel zurückgewinnen.

Ein Blick auf die Verlagsstandorte aus dem Jahr 2010 zeigt, dass sich die heutigen Verhältnisse deutscher Buchstädte im Vergleich zu den wichtigen Städten in der Nachkriegszeit stark verändert haben. Aktuell steht Berlin mit 172 Verlagen unangefochten auf dem ersten Platz, München (126 Verlage) und Hamburg (84 Verlage) folgen auf den Plätzen zwei und drei. Für den Buchhandel nach 1945 bedeutende Buchstädte wie Frankfurt am Main (68 Verlage), Leipzig (37 Verlage) oder Wiesbaden (18 Verlage)[65] landen im Vergleich nur noch im vorderen Mittelfeld.[66]

---

[64] KLIEMANN, HORST: Der deutsche Buchhandel von 1945-1960. In: Hiller, Helmut; Strauß, Wolfgang: Der deutsche Buchhandel. Wesen – Gestalt – Aufgabe. Hamburg: Verl. für Buchmarkt-Forschung 1966, S. 52.
[65] In der Rangliste der Verlagsstandorte landen Frankfurt am Main, Leipzig und Wiesbaden auf den Plätzen fünf, sieben und vierzehn.
[66] Vgl. BÖRSENVEREIN DES DEUTSCHEN BUCHHANDELS (Hrsg.): Buch und Buchhandel in Zahlen. Frankfurt am Main: MVB Marketing- und Verlagsservice des Buchhandels 2010, S. 111.

Auch bei der Anzahl produzierter Erstauflagen ist eine ähnliche Tendenz zu beobachten. Die Städte Frankfurt am Main (2.947 Titel) platzieren sich auf Rang fünf, Wiesbaden auf dem achten Rang (1.203 Titel) und Leipzig (878 Titel) sogar noch nur auf dem vierzehnten. Die gegenwärtige Entwicklung erscheint, verglichen mit der Situation vor und auch kurz nach dem Zweiten Weltkrieg eher mager.[67]

Dabei darf eine Buchstadt keineswegs nur als Verlagsstadt reduziert werden. Leipzig kann sich heute beispielsweise durch die Leipziger Buchmesse, die Deutsche Nationalbibliothek, die Nationalbibliothek für Blinde oder das größte europäische Literaturfestival *Leipzig liest* als *Buchstadt* etablieren. Frankfurt am Main erlangt diesen Status unter anderem durch die zweite Deutsche Nationalbibliothek neben Leipzig, das Literaturfestival *Literatum* und natürlich aufgrund der bedeutenden Frankfurter Buchmesse – die größte internationale Bücherschau.[68] Hingegen gilt Wiesbaden heute keineswegs als Buchstadt. Nur noch wenige namenhafte Verlage wie zum Beispiel der Musikverlag Breitkopf & Härtel, der Harrassowitz oder Gabler Verlag sind hier ansässig.

Zukünftig werden die Entwicklungen dieser Städte und deren buchhändlerischen Perspektiven sehr interessant zu beobachten sein. Diese sind sicherlich auch sehr eng mit dem Potential der aktuell führenden Verlags- und Buchstädte Berlin und München in Verbindung zu setzen.

---

[67] Vgl. BÖRSENVEREIN DES DEUTSCHEN BUCHHANDELS (Hrsg.), S. 128.
[68] Vgl. FRANKFURTER RUNDSCHAU: 75 Verlage in der Mainmetropole 2009. URL: http://www.fr-online.de/rhein-main/75-verlage-in-der-mainmetropole/-/1472796/3351066/-/index.html [letzter Zugriff: 25.09.2011].

6 Literaturverzeichnis

6.1 Verwendete Literatur

BEZ, THOMAS; KEIDERLING, THOMAS: Der Zwischenbuchhandel. Begriffe, Strukturen, Entwicklungslinien in Geschichte und Gegenwart. Stuttgart: Hauswedell & Co. 2010.

BÖRSENVEREIN DES DEUTSCHEN BUCHHANDELS (Hrsg.): Buch und Buchhandel in Zahlen. Frankfurt am Main: MVB Marketing- und Verlagsservice des Buchhandels 2010.

CLEMENS, GABRIELE: Kulturpolitik im besetzten Deutschland 1945 - 1949. Stuttgart: Franz Steiner Verl. 1994.

CZOK, KARL (Hrsg.): 500 Jahre Buchstadt Leipzig. Von den Anfängen des Buchdrucks in Leipzig bis zum Buchschaffen der Gegenwart. Leipzig: Fachbuchverl. 1981.

DIETRICH, GERD: Politik und Kultur in der Sowjetischen Besatzungszone Deutschlands (SBZ) 1945-1949. Bern [u.a.]: Peter Lang Verl. 1993.

DIETRICH GERD: „...wie eine kleine Oktoberrevolution...". Kulturpolitik der SMAD 1945-1949. In: Clemens, Gabriele (Hrsg.): Kulturpolitik im besetzten Deutschland 1945-1949. Stuttgart: Franz Steiner Verl. 1994, S. 219–236.

ERNST, ALFRED: Die antifaschistisch-demokratische Entwicklung in Druckereien, Verlagen und im Buchhandel nach 1945. In: Czok, Karl (Hrsg.): 500 Jahre Buchstadt Leipzig. Von den Anfängen des Buchdrucks in Leipzig bis zum Buchschaffen der Gegenwart. Leipzig: Fachbuchverl. 1981, S. 72–78.

ESTERMANN, MONIKA: Der Börsenverein in den Westzonen und der Bundesrepublik Deutschland. In: Füssel, Stephan [et al.]: Der Börsenverein des Deutschen Buchhandels 1825 - 2000. Ein geschichtlicher Aufriss. Frankfurt am Main: Buchhändler-Vereinigung 2000, S. 161–191.

HILLER, HELMUT; STRAUß, WOLFGANG: Der deutsche Buchhandel. Wesen – Gestalt – Aufgabe. Hamburg: Verl. für Buchmarkt-Forschung 1975.

KLIEMANN, HORST: Der deutsche Buchhandel von 1945-1960. In: Hiller, Helmut; Strauß, Wolfgang: Der deutsche Buchhandel. Wesen – Gestalt – Aufgabe. Hamburg: Verl. für Buchmarkt-Forschung 1966, S. 50–52.

KNOPF, SABINE: Buchstadt Leipzig. Der historische Reiseführer. Berlin: Links Verl. 2011.

LOKATIS, SIEGFRIED: Das Verlagswesen der Sowjetisch Besetzten Zone. In: Estermann, Monika; Lersch, Edgar (Hrsg.): Buch, Buchhandel, Rundfunk 1945-1949. Harrassowitz Verl. 1997, S. 112-124.

NIEMEIER, SABINE: Funktionen der Frankfurter Buchmesse im Wandel – von den Anfängen bis heute. Bd. 68. Wiesbaden: Harrassowitz Verl. 2001.

UMLAUFF, ERNST: Der Wiederaufbau des Buchhandels. Beiträge zur Geschichte des Buchmarktes in Westdeutschland nach 1945. Bd. 17. Frankfurt am Main: Buchhändler-Vereinigung GmbH 1978.

WEIDHAAS, PETER: Zur Geschichte der Frankfurter Buchmesse. Frankfurt am Main: Suhrkamp Verl. 2003.

WITTMANN, REINHARD: Geschichte des deutschen Buchhandels. Ein Überblick. Durchgesehene und erweiterte Auflage. München: C. H. Beck Verl. 1999.

WURM, CARSTEN: Jeden Tag ein Buch. 50 Jahre Aufbau Verlag 1945-1995. Berlin: Aufbau-Verl. 1995.

ZIERMANN, KLAUS: Der deutsche Buch- und Taschenbuchmarkt 1945 – 1995. Berlin: Wissenschaftsverl. Volker Spiess 2000.

6.2 Internetquellen

DÖRR, MARIANNE: Buchstadt Wiesbaden? Einblicke in die Wiesbadener Verlagsgeschichte 2004, S. 4. URL: http://www.rotary-wiesbaden.de/site/clubs/nassau/Doerr_Verlagsgeschichte.pdf letzter Zugriff: 22.09.2011].

FRANKFURTER RUNDSCHAU: 75 Verlage in der Mainmetropole 2009. URL: http://www.fr-online.de/rhein-main/75-verlage-in-der-mainmetropole/-/1472796/3351066/-/index.html [letzter Zugriff: 25.09.2011].

JULKE, RALF: Buchstadt Leipzig: Ein historischer Reiseführer in ein längst vergangenes Stück Wirtschaftsgeschichte 2011. In: http://www.l-iz.de/Bildung/B%C3%BCcher/2011/03/Buchstadt-Leipzig-Ein-historischer-Reisefuehrer.html [letzter Zugriff: 20.08.2011].

MITTELDEUTSCHER RUNDFUNK: Wiegendrucke, Börsenverein und „Leipzig liest" 2011. URL: http://www.mdr.de/geschichte-mitteldeutschlands/reise/artikel12982.html [letzter Zugriff: 21.09.2011].

WOLFSKÄMPF, VERA: Aufstieg und Fall der Buchstadt Leipzig 2011. In: http://wissen.dradio.de/literatur-aufstieg-und-fall-der-buchstadt-leipzig.38.de.html?dram:article_id=9036 [letzter Zugriff: 20.08.2011].